따라 쓰기

좋은 습 관 들 이 기 프 로 젝 트

· · · · · · · · · · ·

성경 잠언2

잠언 1:1~2 다윗의 아들 이스라엘 왕 솔로몬의 잠언이라 이는 지혜와 훈계를 알게 하며 명철의 말씀을 깨닫게 하며

다윗의 아들 이스라엘 왕 솔로
몬의 잠언이라 이는 지혜와 훈
계를 알게 하며 명철의 말씀을
깨닫게 하며

✱ 잠언 – 구약 성경 가운데 한 권. 솔로몬 왕의 경계와 교훈의 내용을 담았다

The proverbs of Solomon son of David, king of Israel: for attaining wisdom and discipline; for understanding words of insight;

✱ proverbs 잠언   insight 명철

다윗의 아들 이스라엘 왕 솔로몬의 잠언이라 이는 지
혜와 훈계를 알게 하며 명철의 말씀을 깨닫게 하며

잠언 1:3 지혜롭게, 공의롭게, 정의롭게, 정직하게 행할 일에 대하여 훈계를 받게 하며

지	혜	롭	게	,		공	의	롭	게	.		정	의	롭	게	,		정
직	하	게			행	할			일	에		대	하	여		훈	계
를			받	게			하	며									

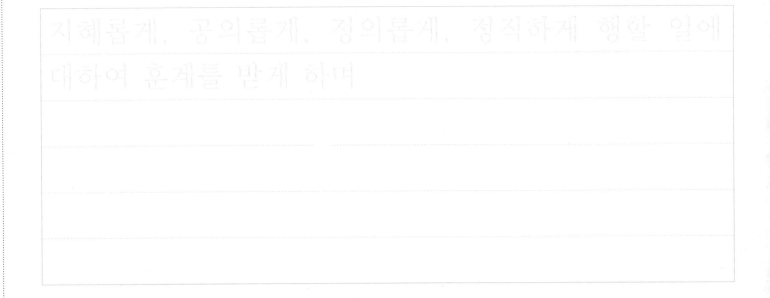

✶ 훈계 – 타일러서 주의를 줌

for acquiring a disciplined and prudent life, doing what is right and just and fair;

✶ acquire 습득하다   prudent 신중한

훈계를 받아들일 줄 아는 사람이 되어야 해!

| 지 | 혜 | 롭 | 게 | . | | 공 | 의 | 롭 | 게 | , | | 정 | 의 | 롭 | 게 | . | | 정 | 직 | 하 | 게 | | 행 | 할 | | 일 | 에 |
| 대 | 하 | 여 | | 훈 | 계 | 를 | | 받 | 게 | | 하 | 며 | | | | | | | | | | | | | | | |

잠언 1:4 어리석은 자를 슬기롭게 하며 젊은 자에게 지식과 근신함을 주기 위한 것이니

어리석은 자를 슬기롭게 하며
젊은 자에게 지식과 근신함을
주기 위한 것이니

✱ 슬기 – 사물의 이치를 바르게 판단하고 일을 잘 처리해 내는 재능

for giving prudence to the simple, knowledge and discretion to the young-

✱ prudence 신중, 조심

어리석은 자를 슬기롭게 하며 젊은 자에게 지식과 근
신함을 주기 위한 것이니

잠언 1:5 지혜 있는 자는 듣고 학식이 더할 것이요 명철한 자는 지략을 얻을 것 이라

지	혜		있	는		자	는		듣	고		학	식	이
더	할		것	이	요		명	철	한		자	는		지	략
을		얻	을		것	이	라							

✱ 지략 - 어떤 일에 능숙하게 대책을 세우는 능력

let the wise listen and add to their learning,
and let the discerning get guidance-

✱ wise 지혜로운

잠언을 읽고
외우자! 엄청
똑똑해진대~

지혜 있는 자는 듣고 학식이 더할 것이요 명철한 자는
지략을 얻을 것이라

잠언 3:12 대저 여호와께서 그 사랑하시는 자를 징계하시기를 마치 아비가 그 기뻐하는 아들을 징계함 같이 하시느니라

대저 여호와께서 그 사랑하시는
자를 징계하시기를 마치 아비가
그 기뻐하는 아들을 징계함 같
이 하시느니라

✱ 징계 – 허물이나 잘못을 나무라며 경계함

because the LORD disciplines those he loves, as a father the son he delights in.

✱ discipline 징계, 훈육

대저 여호와께서 그 사랑하시는 자를 징계하시기를 마
치 아비가 그 기뻐하는 아들을 징계함 같이 하시느니
라

6

바르게 써 보세요

잠언 3:13 지혜를 얻은 자와 명철을 얻은 자는 복이 있나니

지	혜	를		얻	은		자	와		명	철	을		얻	은
자	는			복	이			있	나	니					

✱ 명철하다 – 총명하고 사리에 밝다

Blessed is the man who finds wisdom, the man who gains understanding,

✱ Blessed 복받다   wisdom 지혜

지혜를 얻은 자와 명철을 얻은 자는 복이 있나니

바르게 써 보세요

잠언 3:14 이는 지혜를 얻는 것이 은을 얻는 것보다 낫고 그 이익이 정금보다 나음이니라

이	는		지	혜	를		얻	는		것	이		은	을
얻	는		것	보	다		낫	고		그			이	익	이
정	금	보	다		나	음	이	니	라					

✷ 낫다 – 더 좋다

for she is more profitable than silver and yields better returns than gold.

✷ profitable 유익한

진리의 말씀을 믿습니다!

이는 지혜를 얻는 것이 은을 얻는 것보다 낫고 그 이익이 정금보다 나음이니라

잠언 4:14 사악한 자의 길에 들어가지 말며 악인의 길로 다니지 말지어다

사악한 자의 길에 들어가지 말
며 악인의 길로 다니지 말지어
다

＊ 사악하다 - 간사하고 악하다

Do not set foot on the path of the wicked or walk in the way of evil men.

＊ wicked 사악한   evil 악

사악한 자의 길에 들어가지 말며 악인의 길로 다니지
말지어다

바르게 써 보세요

잠언 4:15 그의 길을 피하고 지나가지 말며 돌이켜 떠나갈지어다

그	의		길	을		피	하	고		지	나	가	지		말
며		돌	이	켜		떠	나	갈	지	어	다				

✱ 돌이키다 – 향하고 있던 방향에서 반대로 돌리다

Avoid it, do not travel on it; turn from it and go on your way.

✱ Avoid 피하다

그의 길을 피하고 지나가지 말며 돌이켜 떠나갈지어다

잠언 10:12 미움은 다툼을 일으켜도 사랑은 모든 허물을 가리느니라

미 움 은 　 다 툼 을 　 일 으 켜 도 　 사 랑 은
모 든 　 허 물 을 　 가 리 느 니 라

✳ 허물 - 잘못

Hatred stirs up dissension, but love covers over all wrongs.

✳ cover 씌우다, 덮다　　wrong 잘못

미움은 다툼을 일으켜도 사랑은 모든 허물을 가리느니라

잠언 11:1 속이는 저울은 여호와께서 미워하시나 공평한 추는 그가 기뻐하시느니라

속이는 저울은 여호와께서 미워하시나 공평한 추는 그가 기뻐하시느니라

✱ 저울 - 물건의 무게를 다는 데 쓰는 기구

The LORD abhors dishonest scales, but accurate weights are his delight.

✱ dishonest 정직하지 못한   scale 저울

속이는 저울은 여호와께서 미워하시나 공평한 추는 그가 기뻐하시느니라

바르게 써 보세요

잠언 11:12 지혜 없는 자는 그의 이웃을 멸시하나 명철한 자는 잠잠하느니라

지	혜		없	는		자	는		그	의		이	웃	을
멸	시	하	나		명	철	한		자	는		잠	잠	하	느
니	라													

✻ 멸시 – 업신여기거나 깔봄

A man who lacks judgment derides his neighbor,
but a man of understanding holds his tongue.

✻ deride 멸시하다

무시한 듯
침묵하는 것도
필요해

지혜 없는 자는 그의 이웃을 멸시하나 명철한 자는 잠
잠하느니라

13

바르게 써 보세요

잠언 11:13 두루 다니며 한담하는 자는 남의 비밀을 누설하나 마음이 신실한 자는 그런 것을 숨기느니라

두	루		다	니	며		한	담	하	는		자	는		남
의		비	밀	을		누	설	하	나		마	음	이		신
실	한		자	는		그	런		것	을		숨	기	느	니
라															

✱ 두루 - 골고루　　한담 - 한가할 때 나누는 이야기

A gossip betrays a confidence, but a trustworthy man keeps a secret.

✱ betray 넘겨주다, 배신하다　　gossip 한담

두루 다니며 한담하는 자는 남의 비밀을 누설하나 마
음이 신실한 자는 그런 것을 숨기느니라

14

잠언 11:24 흩어 구제하여도 더욱 부하게 되는 일이 있나니 과도히 아껴도 가난하게 될 뿐이니라

흩어	구제하여도	더욱	부하게			
되는	일이	있나니	과도히	아껴		
도	가난하게	될	뿐이니라			

✳ 구제 - 도와줌

One man gives freely, yet gains even more;
another withholds unduly, but comes to poverty.

✳ gain 얻다   poverty 가난, 빈곤

내가 구두쇠인지
아닌지
돌아봐야 해

흩어 구제하여도 더욱 부하게 되는 일이 있나니 과도
히 아껴도 가난하게 될 뿐이니라

잠언 11:25 구제를 좋아하는 자는 풍족하여질 것이요 남을 윤택하게 하는 자는 자기도 윤택하여지리라

구	제	를		좋	아	하	는		자	는		풍	족	하	여
질		것	이	요		남	을		윤	택	하	게		하	는
자	는		자	기	도		윤	택	하	여	지	리	라		

✻ 윤택하다 - 풍부하다

A generous man will prosper; he who refreshes others will himself be refreshed.

✻ generous 후한, 넉넉한

구제를 좋아하는 자는 풍족하여질 것이요 남을 윤택하

게 하는 자는 자기도 윤택하여지리라

잠언 18:12 사람의 마음의 교만은 멸망의 선봉이요 겸손은 존귀의 길잡이니라

사람의 마음의 교만은 멸망의
선봉이요 겸손은 존귀의 길잡이
니라

✸ 교만 - 잘난 체하며 건방짐

Before his downfall a man's heart is proud, but humility comes before honor.

✸ downfall 몰락   humility 겸손

사람의 마음의 교만은 멸망의 선봉이요 겸손은 존귀의
길잡이니라

바르게 써 보세요

잠언 19:1 가난하여도 성실하게 행하는 자는 입술이 패역하고 미련한 자보다 나으니라

가	난	하	여	도		성	실	하	게		행	하	는		자
는		입	술	이		패	역	하	고		미	련	한		자
보	다		나	으	니	라									

✱ 패역 - 순리를 거슬러 불순함

Better a poor man whose walk is blameless than a fool whose lips are perverse.

✱ blameless 떳떳한 perverse 비뚤어진

가난하여도 성실하게 행하는 자는 입술이 패역하고 미
련한 자보다 나으니라

잠언 19:2 지식 없는 소원은 선하지 못하고 발이 급한 사람은 잘못 가느니라

지	식		없	는		소	원	은		선	하	지		못	하
고		발	이		급	한		사	람	은		잘	못		가
느	니	라													

✱ 소원 – 어떤 일이 이루어지기를 바람

It is not good to have zeal without knowledge, nor to be hasty and miss the way.

✱ zeal 열의, 열성   hasty 성급한

지식 없는 소원은 선하지 못하고 발이 급한 사람은 잘
못 가느니라

19

잠언 19:4 재물은 많은 친구를 더하게 하나 가난한즉 친구가 끊어지느니라

재물은 많은 친구를 더하게 하
나 가난한즉 친구가 끊어지느니
라.

* 재물 – 재산

Wealth brings many friends, but a poor man's friend deserts him.

* Wealth 재물   poor 가난

재물은 많은 친구를 더하게 하나 가난한즉 친구가 끊
어지느니라

잠언 19:7 가난한 자는 그의 형제들에게도 미움을 받거든 하물며 친구야 그를 멀리 하지 아니하겠느냐 따라가며 말하려 할지라도 그들이 없어졌으리라

가 난 한 　 자 는 　 그 의 　 형 제 들 에 게 도
미 움 을 　 받 거 든 　 하 물 며 　 친 구 야
그 를 　 멀 리 　 하 지 　 아 니 하 겠 느 냐
따 라 가 며 　 말 하 려 　 할 지 라 도 　 그 들
이 　 없 어 졌 으 리 라

✱ 형제 - 형과 아우

A poor man is shunned by all his relatives-- how much more do his friends avoid him! Though he pursues them with pleading, they are nowhere to be found.

✱ shun 피하다　relative 친인척　pursue 추구하다, 밀고 나가다　pleading 애원

가난한 자는 그의 형제들에게도 미움을 받거든 하물며 친구야 그를 멀리 하지 아니하겠느냐 따라가며 말하려 할지라도 그들이 없어졌으리라

바르게 써 보세요

잠언 19:23 여호와를 경외하는 것은 사람으로 생명에 이르게 하는 것이라 경외하는
자는 족하게 지내고 재앙을 당하지 아니하느니라

여	호	와	를		경	외	하	는		것	은		사	람	의
로		생	명	에		이	르	게		하	는		것	이	라
경	외	하	는		자	는		족	하	게		지	내	고	
재	앙	을		당	하	지		아	니	하	느	니	라		

✷ 재앙 – 천재지변으로 인한 불행한 사고

The fear of the LORD leads to life: Then one rests content, untouched by trouble.

✷ fear 경외, 두려움

여호와를 경외하는 것은 사람으로 생명에 이르게 하는
것이라 경외하는 자는 족하게 지내고 재앙을 당하지
아니하느니라

잠언 20:15 세상에 금도 있고 진주도 많거니와 지혜로운 입술이 더욱 귀한 보배니라

세	상	에		금	도		있	고		진	주	도		많	거
니	와		지	혜	로	운		입	술	이		더	욱		귀
한		보	배	니	라										

✱ 보배 – 아주 귀하고 소중한 물건

Gold there is, and rubies in abundance, but lips that speak knowledge are a rare jewel.

✱ abundance 풍부   rare 귀한   jewel 보석, 보배

입조심!

세상에 금도 있고 진주도 많거니와 지혜로운 입술이
더욱 귀한 보배니라

바르게 써 보세요

잠언 20:17 속이고 취한 음식물은 사람에게 맛이 좋은 듯하나 후에는 그의 입에 모래가 가득하게 되리라

속	이	고		취	한		음	식	물	은		사	람	에	게
맛	이		좋	은		듯	하	나		후	에	는		그	의
입	에		모	래	가		가	득	하	게		되	리	라	

✱ 속이다 – 거짓이나 꾀에 넘어가게 하다

Food gained by fraud tastes sweet to a man, but he ends up with a mouth full of gravel.

✱ fraud 사기(죄)

속이고 취한 음식물은 사람에게 맛이 좋은 듯하나 후
에는 그의 입에 모래가 가득하게 되리라

바르게 써 보세요

잠언 20:21 처음에 속히 잡은 산업은 마침내 복이 되지 아니하느니라

처	음	에		속	히		잡	은		산	업	은		마	침
내		복	이		되	지		아	니	하	느	니	라		

✱ 산업 – 경제적 풍요를 위해 물건이나 서비스를 생산하는 일

An inheritance quickly gained at the beginning will not be blessed at the end.

✱ inheritance 상속받은 재산, 유산   beginning 처음

성급히 행동하면 안돼요!

처음에 속히 잡은 산업은 마침내 복이 되지 아니하느니라

잠언 20:22 너는 악을 갚겠다 말하지 말고 여호와를 기다리라 그가 너를 구원하시리라

너	는		악	을		갚	겠	다		말	하	지		말	고
여	호	와	를		기	다	리	라		그	가		너	를	
구	원	하	시	리	라										

✱ 구원 - 인간을 죽음과 고통과 죄악에서 건겨 내는 일

Do not say, "I'll pay you back for this wrong!" Wait for the LORD, and he will deliver you.

✱ deliver 약속을 지키다, 꺼내다

너는 악을 갚겠다 말하지 말고 여호와를 기다리라 그
가 너를 구원하시리라

바르게 써 보세요

잠언 20:25 함부로 이 물건은 거룩하다 하여 서원하고 그 후에 살피면 그것이 그 사람에게 덫이 되느니라

함	부	로		이		물	건	은		거	룩	하	다		하
여		서	원	하	고		그		후	에		살	피	면	
그	것	이		그		사	람	에	게		덫	이		되	느
니	라														

✽ 함부로 - 마음 내키는 대로 마구　　서원 - 하나님께 하는 약속

It is a trap for a man to dedicate something rashly and only later to consider his vows.

✽ trap 덫, 올가미　　vow 맹세, 서원

말이 앞서면 실수가 많아~

함부로 이 물건은 거룩하다 하여 서원하고 그 후에 살

피면 그것이 그 사람에게 덫이 되느니라

바르게 써 보세요

잠언 21:2 사람의 행위가 자기 보기에는 모두 정직하여도 여호와는 마음을 감찰하시느니라

사	람	의		행	위	가		자	기		보	기	에	는
모	두		정	직	하	여	도		여	호	와	는		마	음
을		감	찰	하	시	느	니	라						

✽ 감찰 – 행동을 감독하여 살핌

All a man's ways seem right to him, but the LORD weighs the heart.

✽ weigh 무게를 재어보다

사람의 행위가 자기 보기에는 모두 정직하여도 여호와는 마음을 감찰하시느니라

잠언 21:4 눈이 높은 것과 마음이 교만한 것과 악인이 형통한 것은 다 죄니라

눈	이		높	은		것	과		마	음	이		교	만	한
것	과		악	인	이		형	통	한		것	은		다	
죄	니	라													

✱ 형통 – 모든 일이 뜻과 같이 잘되어 감

Haughty eyes and a proud heart, the lamp of the wicked, are sin!

✱ Haughty 거만한, 오만한   lamp 램프, 등

눈이 높은 것과 마음이 교만한 것과 악인이 형통한 것은 다 죄니라

잠언 21:5 부지런한 자의 경영은 풍부함에 이를 것이나 조급한 자는 궁핍함에 이를 따름이니라

부	지	런	한		자	의		경	영	은		풍	부	함	에
이	를		것	이	나		조	급	한		자	는		궁	핍
함	에		이	를		따	름	이	니	라					

The plans of the diligent lead to profit as surely as haste leads to poverty.

✱ diligent 부지런한   profit 풍부함   haste 서두른, 조급한

조급증을 버리자!

부지런한 자의 경영은 풍부함에 이를 것이나 조급한

자는 궁핍함에 이를 따름이니라

30

잠언 21:23 입과 혀를 지키는 자는 자기의 영혼을 환난에서 보전하느니라

입	과		혀	를		지	키	는		자	는		자	기	의
영	혼	을		환	난	에	서			보	전	하	느	니	라

✱ 환난 – 근심과 재난   보전 – 보호하여 유지함

He who guards his mouth and his tongue keeps himself from calamity.

✱ calamity 환난, 재난

말이 이렇게 중요하구나!

입과 혀를 지키는 자는 자기의 영혼을 환난에서 보전 하느니라

31

잠언 21:26 어떤 자는 종일토록 탐하기만 하나 의인은 아끼지 아니하고 베푸느니라

어떤 자는 종일토록 탐하기만
하나 의인은 아끼지 아니하고
베푸느니라

All day long he craves for more, but the righteous give without sparing.

✽ crave 탐하다   sparing 아끼는

베풀고
삽시다

어떤 자는 종일토록 탐하기만 하나 의인은 아끼지 아
니하고 베푸느니라

잠언 21:31 싸울 날을 위하여 마병을 예비하거니와 이김은 여호와께 있느니라

싸울	날을	위하여	마병을	예비		
하거니와	이김은	여호와께	있느			
니라						

✳ 마병 – 말을 타고 싸우는 군사

The horse is made ready for the day of battle, but victory rests with the LORD.

✳ battle 전쟁, 전투   victory 이김, 승리

미리미리 준비할 것!

싸울 날을 위하여 마병을 예비하거니와 이김은 여호와

께 있느니라

33

잠언 22:4 겸손과 여호와를 경외함의 보상은 재물과 영광과 생명이니라

겸	손	과		여	호	와	를		경	외	함	의		보	상
은		재	물	과		영	광	과		생	명	이	니	라	

✴ 보상 – 남에게 끼친 손해를 갚음

Humility and the fear of the LORD bring wealth and honor and life.

✴ humility 겸손

겸손하면 재물을 얻는다뉘!!

겸손과 여호와를 경외함의 보상은 재물과 영광과 생명
이니라

잠언 22:6 마땅히 행할 길을 아이에게 가르치라 그리하면 늙어도 그것을 떠나지 아
니하리라

마	땅	히		행	할		길	을		아	이	에	게		가
르	치	라		그	리	하	면		늙	어	도		그	것	을
떠	나	지		아	니	하	리	라							

Train a child in the way he should go, and when he is old he will not turn from it.

✽ train 가르치다   turn 돌아서다, 떠나다

어려서부터
진리의 말씀을
가까이…

| 마땅히 행할 길을 아이에게 가르치라 그리하면 늙어도 |
| 그것을 떠나지 아니하리라 |
| |
| |
| |
| |

잠언 23:5 네가 어찌 허무한 것에 주목하겠느냐 정녕히 재물은 스스로 날개를 내어 하늘을 나는 독수리처럼 날아가리라

네 가	어 찌	허 무 한	것 에	주 목 하	
겠 느 냐	정 녕 히	재 물 은	스 스 로		
날 개 를	내 어	하 늘 을	나 는	독 수	
리 처 럼	날 아 가 리 라				

Cast but a glance at riches, and they are gone, for they will surely sprout wings and fly off to the sky like an eagle.

✶ cast 던지다, 보내다   glance 휙휙 훑어보다   sprout 새싹, 트다   eagle 독수리

네가 어찌 허무한 것에 주목하겠느냐 정녕히 재물은
스스로 날개를 내어 하늘을 나는 독수리처럼 날아가리
라

잠언 23:17 네 마음으로 죄인의 형통을 부러워하지 말고 항상 여호와를 경외하라

네 마음으로 죄인의 형통을 부
러워하지 말고 항상 여호와를
경외하라

＊ 형통 – 모든 일이 뜻과 같이 잘되어 감

Do not let your heart envy sinners, but always be zealous
for the fear of the LORD.

＊ envy 부러움   sinner 죄인   zealous 열성적인

하나님~
사랑해요

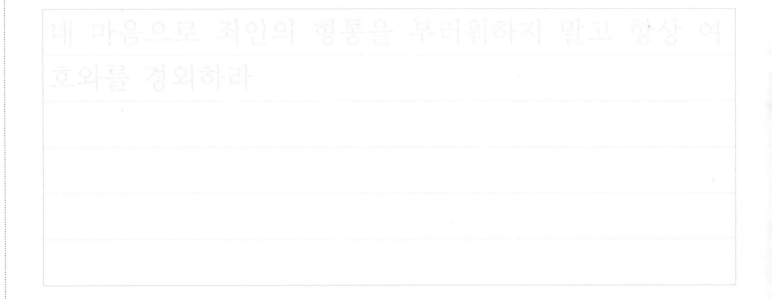

네 마음으로 죄인의 형통을 부러워하지 말고 항상 여
호와를 경외하라

잠언 23:22 너를 낳은 아비에게 청종하고 네 늙은 어미를 경히 여기지 말지니라

너를 낳은 아비에게 청종하고
네 늙은 어미를 경히 여기지
말지니라

✱ 청종하다 – 이르는 대로 잘 듣고 좇음　경히 – 가벼히

Listen to your father, who gave you life, and do not despise
your mother when she is old.

✱ despise 가볍게 여기다

효도해야지~

너를 낳은 아비에게 청종하고 네 늙은 어미를 경히 여
기지 말지니라

잠언 24:13 내 아들아 꿀을 먹으라 이것이 좋으니라 송이꿀을 먹으라 이것이 네 입에 다니라

내	아들아	꿀을	먹으라	이것이	
좋으니라	송이꿀을	먹으라	이것		
이	네	입에	다니라		

✱ 꿀 – 꿀벌이 만든 달콤한 액체

Eat honey, my son, for it is good; honey from the comb is sweet to your taste.

✱ honey from the comb 송이꿀

내 아들아 꿀을 먹으라 이것이 좋으니라 송이꿀을 먹
으라 이것이 네 입에 다니라

잠언 24:14 지혜가 네 영혼에게 이와 같은 줄을 알라 이것을 얻으면 정녕히 네 장래가 있겠고 네 소망이 끊어지지 아니하리라

지혜가 네 영혼에게 이와 같은
줄을 알라 이것을 얻으면 정녕
히 네 장래가 있겠고 네 소망
이 끊어지지 아니하리라

✻ 정녕히 – 틀림없이 꼭

Know also that wisdom is sweet to your soul; if you find it, there is a future hope for you, and your hope will not be cut off.

✻ wisdom 지혜   cut off 절단

지혜가 네 영혼에게 이와 같은 줄을 알라 이것을 얻으
면 정녕히 네 장래가 있겠고 네 소망이 끊어지지 아니
하리라

잠언 24:16 대저 의인은 일곱 번 넘어질지라도 다시 일어나려니와 악인은 재앙으로 말미암아 엎드러지느니라

대	저		의	인	은		일	곱		번		넘	어	질	지
라	도			다	시		일	어	나	려	니	와		악	인	은
재	앙	으	로			말	미	암	아			엎	드	러	지	느	니
라															

＊ 의인 – 의로운 사람   악인 – 악한 사람

for though a righteous man falls seven times, he rises again, but the wicked are brought down by calamity.

＊ calamity 재앙

대저 의인은 일곱 번 넘어질지라도 다시 일어나려니와
악인은 재앙으로 말미암아 엎드러지느니라

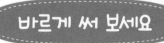

잠언 25:13 충성된 사자는 그를 보낸 이에게 마치 추수하는 날에 얼음 냉수 같아서 능히 그 주인의 마음을 시원하게 하느니라

충성된 사자는 그를 보낸 이에게 마치 추수하는 날에 얼음 냉수 같아서 능히 그 주인의 마음을 시원하게 하느니라

Like the coolness of snow at harvest time is a trustworthy messenger to those who send him; he refreshes the spirit of his masters.

✱ coolness 차가움   trustworthy 신뢰할 수 있는

충성된 사자는 그를 보낸 이에게 마치 추수하는 날에 얼음 냉수 같아서 능히 그 주인의 마음을 시원하게 하느니라

잠언 25:28 자기의 마음을 제어하지 아니하는 자는 성읍이 무너지고 성벽이 없는 것과 같으니라

자기의 마음을 제어하지 아니하
는 자는 성읍이 무너지고 성벽
이 없는 것과 같으니라

✳ 성읍 - 마을의 옛말   성벽 - 성곽의 벽

Like a city whose walls are broken down is a man
who lacks self-control.

✳ lack ~이 없다

마음을
다스리자~
다독다독

자기의 마음을 제어하지 아니하는 자는 성읍이 무너지
고 성벽이 없는 것과 같으니라

잠언 27:2 타인이 너를 칭찬하게 하고 네 입으로는 하지 말며 외인이 너를 칭찬하게 하고 네 입술로는 하지 말지니라

타인이 너를 칭찬하게 하고 네
입으로는 하지 말며 외인이 너
를 칭찬하게 하고 네 입술로는
하지 말지니라

Let another praise you, and not your own mouth; someone else, and not your own lips.

＊someone else 타인   praise 칭찬   mouth 입

평판을
좋게~~

타인이 너를 칭찬하게 하고 네 입으로는 하지 말며 외
인이 너를 칭찬하게 하고 네 입술로는 하지 말지니라

잠언 27:21 도가니로 은을, 풀무로 금을, 칭찬으로 사람을 단련하느니라

✱ 도가니 - 쇠붙이를 녹이는 그릇   풀무 - 불을 피울 때에 바람을 일으키는 기구

The crucible for silver and the furnace for gold, but man is tested by the praise he receives.

✱ crucible 도가니   furnace 용광로

잠언 28:5 악인은 정의를 깨닫지 못하나 여호와를 찾는 자는 모든 것을 깨닫느니라

악	인	은		정	의	를		깨	닫	지		못	하	나
여	호	와	를		찾	는		자	는		모	든		것	을
깨	닫	느	니	라										

✳ 정의 – 진리에 맞는 올바른 도리

Evil men do not understand justice, but those who seek the LORD understand it fully.

✳ Evil men 악인   justice 정의

악인은 정의를 깨닫지 못하나 여호와를 찾는 자는 모

든 것을 깨닫느니라

잠언 28:13 자기의 죄를 숨기는 자는 형통하지 못하나 죄를 자복하고 버리는 자는 불쌍히 여김을 받으리라

자	기	의		죄	를		숨	기	는		자	는		형	통
하	지		못	하	나		죄	를		자	복	하	고		버
리	는		자	는		불	쌍	히		여	김	을		받	으
리	라														

＊ 형통 - 모든 일이 뜻과 같이 잘되어 감　자복 - 저지른 죄를 자백하고 복종함

He who conceals his sins does not prosper, but whoever confesses and renounces them finds mercy.

＊ conceal 감추다, 숨기다　renounce 포기하다

잘못했을 땐 빨리 반성하자!

자기의 죄를 숨기는 자는 형통하지 못하나 죄를 자복하고 버리는 자는 불쌍히 여김을 받으리라

잠언 29:18 묵시가 없으면 백성이 방자히 행하거니와 율법을 지키는 자는 복이 있느
니라

묵	시	가		없	으	면		백	성	이		방	자	히
행	하	거	니	와		율	법	을		지	키	는		자	는
복	이		있	느	니	라								

✽ 묵시 - 하나님의 계시   율법 - 규범

Where there is no revelation, the people cast off restraint; but blessed is he who keeps the law.

✽ revelation 묵시

묵시가 없으면 백성이 방자히 행하거니와 율법을 지키
는 자는 복이 있느니라

바르게 써 보세요

잠언 29:25 사람을 두려워하면 올무에 걸리게 되거니와 여호와를 의지하는 자는 안전하리라

사	람	을		두	려	워	하	면		올	무	에		걸	리
게		되	거	니	와		여	호	와	를		의	지	하	는
자	는		안	전	하	리	라								

✻ 올무 – 무언가를 잡는 올가미

Fear of man will prove to be a snare, but whoever trusts in the LORD is kept safe.

✻ prove 입증하다, 드러나다   snare 올무, 덫

사람을 두려워하면 올무에 걸리게 되거니와 여호와를
의지하는 자는 안전하리라

잠언 30:5 하나님의 말씀은 다 순전하며 하나님은 그를 의지하는 자의 방패시니라

하	나	님	의		말	씀	은		다		순	전	하	며
하	나	님	은		그	를		의	지	하	는		자	의
방	패	시	니	라										

✱ 순전하다 – 순수하고 완전하다

"Every word of God is flawless; he is a shield to those who take refuge in him.

✱ flawless 나무랄 데 없는

하나님의 말씀은 다 순전하며 하나님은 그를 의지하는
자의 방패시니라

50

잠언 30:6 너는 그의 말씀에 더하지 말라 그가 너를 책망하시겠고 너는 거짓말하는 자가 될까 두려우니라

너	는		그	의		말	씀	에		더	하	지		말	라
그	가			너	를		책	망	하	시	겠	고		너	는
거	짓	말	하	는			자	가			될	까		두	려	우	니
라															

✶ 더하다 - 보태다　　책망 - 잘못을 꾸짖음

Do not add to his words, or he will rebuke you and prove you a liar.

✶ rebuke 책망하다　　liar 거짓말쟁이

일점일획도
더하거나 빼면
아니 되옵니닷!

너는 그의 말씀에 더하지 말라 그가 너를 책망하시겠
고 너는 거짓말하는 자가 될까 두려우니라

51

잠언 30:8 곧 헛된 것과 거짓말을 내게서 멀리 하옵시며 나를 가난하게도 마옵시고
부하게도 마옵시고 오직 필요한 양식으로 나를 먹이시옵소서

곧		헛	된		것	과		거	짓	말	을		내	게	서
멀	리		하	옵	시	며		나	를		가	난	하	게	도
마	옵	시	고		부	하	게	도		마	옵	시	고		오
직		필	요	한		양	식	으	로		나	를		먹	이
시	옵	소	서												

✱ 헛되다 – 보람이나 실속이 없다

Keep falsehood and lies far from me; give me neither poverty nor riches, but give
me only my daily bread.

✱ falsehood 거짓말   poverty 가난

| 곧 헛된 것과 거짓말을 내게서 멀리 하옵시며 나를 가 |
| 난하게도 마옵시고 부하게도 마옵시고 오직 필요한 양 |
| 식으로 나를 먹이시옵소서 |
| |
| |

52

잠언 30:9 혹 내가 배불러서 하나님을 모른다 여호와가 누구냐 할까 하오며 혹 내가 가난하여 도둑질하고 내 하나님의 이름을 욕되게 할까 두려워함이니이다

혹		내	가		배	불	러	서		하	나	님	을		모
른	다		여	호	와	가		누	구	냐		할	까		하
오	며		혹		내	가		가	난	하	여		도	둑	질
하	고		내		하	나	님	의		이	름	을		욕	되
게		할	까		두	려	워	함	이	니	이	다			

Otherwise, I may have too much and disown you and say, 'Who is the LORD ?' Or I may become poor and steal, and so dishonor the name of my God.

✱ Otherwise 그렇지 않으면, 그 외에는   disown 의절하다

최선을 다하지만 결과에 연연해 맙시다

잠언 31:8 너는 말 못하는 자와 모든 고독한 자의 송사를 위하여 입을 열지니라

너는 말 못하는 자와 모든 고
독한 자의 송사를 위하여 입을
열지니라

✱ 송사 – 분쟁이 있을 때 판결을 구하는 일

"Speak up for those who cannot speak for themselves, for the rights of all who are destitute.

✱ destitute 극빈한

너는 말 못하는 자와 모든 고독한 자의 송사를 위하여
입을 열지니라

잠언 31:9 너는 입을 열어 공의로 재판하여 곤고한 자와 궁핍한 자를 신원할지니라

너는 입을 열어 공의로 재판하
여 곤고한 자와 궁핍한 자를
신원할지니라

＊신원 – 가슴에 맺힌 원한을 풀어 버림

Speak up and judge fairly; defend the rights of the poor and needy.

＊fairly 공정하게   needy 궁핍한

너는 입을 열어 공의로 재판하여 곤고한 자와 궁핍한
자를 신원할지니라

감수 최상훈

서울 화양감리교회 담임목사. 감리교신학대학교 겸임교수. 1997~2002년 아프리카 케냐 및 우간다 선교 사역. 2002~2008년 미국 알래스카 최초 감리교 한인교회 개척 및 담임. 2008~2014년 미국 캘리포니아 벤츄라 지역 교회 담임. CTS 〈내가 매일 기쁘게〉 출연 외

따라쓰기 성경 – 잠언 2

ISBN 979-11-978668-4-5 03230 ‖ 초판 1쇄 펴낸날 2022년 9월 30일

펴낸이 정혜옥 ‖ 표지디자인 twoesdesign.com ‖ 내지디자인 이지숙 ‖ 마케팅 최문섭 ‖ 편집 연유나, 이은정

펴낸곳 스쿨존에듀 ‖ 출판등록 2021년 3월 4일 제 2021-000013호

주소 04779 서울시 성동구 뚝섬로 1나길 5(헤이그라운드) 7층

전화 02)929-8153 ‖ 팩스 02)929-8164 ‖ E-mail goodinfozuzu@hanmail.net

■ 스쿨존에듀(스쿨존)는 굿인포메이션의 자회사입니다. ■ 잘못된 책은 본사나 구입하신 서점에서 바꾸어 드립니다.
■ 본문은 개역개정(한글), NIV(영문) 성경을 사용하였습니다.

도서출판 스쿨존에듀(스쿨존)는 교사, 학부모님들의 소중한 의견을 기다립니다. 책 출간에 대한 기획이나 원고가 있으신 분은 이메일 goodinfozuzu@hanmail.net 으로 보내주세요.